Rêves Bilingues: Contes en Anglais et en Français

Artici English

Published by Artici English, 2024.

RÊVES BILINGUES: CONTES EN ANGLAIS ET EN FRANÇAIS

First edition. June 6, 2024.

ISBN: 979-8227561718

Written by Artici English.

Table of Contents

The Singing Pig

Once upon a time, in a quaint little village nestled between rolling hills and lush green meadows, there lived a pig named Pierre. Now, Pierre wasn't your ordinary pig; he had a talent that set him apart from the rest of the farmyard animals. He could sing!

Every morning, as the sun peeked over the horizon, Pierre would trot out into the fields and serenade the world with his melodious oinks. His voice was so beautiful that even the birds would stop their chirping to listen. The other animals would gather around, their hearts filled with joy as Pierre's songs filled the air.

But not everyone was happy about Pierre's talent. The farmer, Monsieur Dupont, was a grumpy old man who didn't appreciate anything out of the ordinary. He would shake his fist and shout at Pierre to stop his singing, but the pig would just wink and carry on, his voice rising above the farmer's complaints.

One day, Monsieur Dupont had had enough. He stormed into the fields, a stern expression on his face, and declared, "Enough is enough, Pierre! Your singing is disrupting my work, and I won't stand for it any longer. From now on, you are forbidden from singing!"

Pierre was devastated. His heart sank as he watched the other animals hang their heads in sadness. Without his singing, the farm felt empty and lifeless.

But Pierre was determined not to let Monsieur Dupont silence him. That night, as the stars twinkled overhead, Pierre gathered his friends – Henri the horse, Claudette the cow, and Gaston the goat – for a secret meeting.

"We can't let Monsieur Dupont win," Pierre declared, his voice filled with determination. "We need to find a way to share my singing with the world, without angering the farmer."

The animals put their heads together, brainstorming ideas until finally, Claudette had a brilliant suggestion. "What if we organize a concert in the village square?" she proposed. "That way, everyone can hear Pierre's beautiful voice, and Monsieur Dupont won't be able to stop us!"

The animals cheered, thrilled with Claudette's idea. They worked tirelessly, spreading the word about the concert and inviting all the villagers to attend. And finally, the big day arrived.

As the sun dipped below the horizon and the stars began to twinkle, the villagers gathered in the square, excitement bubbling in the air. Pierre stood at the center of the stage, his heart pounding with nervous anticipation. But as soon as he opened his mouth to sing, all his worries melted away.

His voice soared through the night, filling the square with music more beautiful than anyone had ever heard. The villagers clapped and cheered, tears of joy streaming down their faces as they listened to Pierre's enchanting melodies.

And as for Monsieur Dupont? Well, even he couldn't resist the magic of Pierre's singing. With a tear in his eye and a smile on his face, he joined the rest of the villagers in applauding the talented pig.

From that day on, Pierre was free to sing to his heart's content, and the village became famous far and wide for its singing pig. And as for Monsieur Dupont, he learned that sometimes, it's okay to let a little bit of magic into your life – especially if it comes in the form of a singing pig named Pierre.

Le Cochon Chanteur

Il était une fois, dans un charmant petit village niché entre des collines verdoyantes et des prairies luxuriantes, vivait un cochon nommé Pierre. Maintenant, Pierre n'était pas un cochon ordinaire ; il avait un talent qui le distinguait du reste des animaux de la ferme. Il savait chanter !

Chaque matin, alors que le soleil se levait à l'horizon, Pierre trotterait dans les champs et enchanterait le monde avec ses grognements mélodieux. Sa voix était si belle que même les oiseaux interrompraient leur gazouillement pour l'écouter. Les autres animaux se rassembleraient, leur cœur rempli de joie alors que les chansons de Pierre remplissaient l'air.

Mais tout le monde n'était pas heureux du talent de Pierre. Le fermier, Monsieur Dupont, était un vieil homme grincheux qui n'appréciait rien d'extraordinaire. Il secouait son poing et criait à Pierre d'arrêter de chanter, mais le cochon lui faisait juste un clin d'œil et continuait, sa voix s'élevant au-dessus des plaintes du fermier.

Un jour, Monsieur Dupont en avait assez. Il se précipita dans les champs, une expression sévère sur le visage, et déclara : "Ça suffit, Pierre ! Ton chant perturbe mon travail, et je ne le supporterai plus. Désormais, tu es interdit de chanter !"

Pierre était dévasté. Son cœur s'effondra en regardant les autres animaux baisser la tête tristement. Sans son chant, la ferme semblait vide et sans vie.

Mais Pierre était déterminé à ne pas laisser Monsieur Dupont le faire taire. Cette nuit-là, alors que les étoiles scintillaient au-dessus de leurs têtes, Pierre rassembla ses amis - Henri le cheval, Claudette la vache et Gaston le bouc - pour une réunion secrète.

"Nous ne pouvons pas laisser Monsieur Dupont gagner", déclara Pierre, sa voix emplie de détermination. "Nous devons trouver un moyen de partager mon chant avec le monde, sans mettre en colère le fermier."

Les animaux se mirent ensemble, brainstormant des idées jusqu'à ce que finalement, Claudette eut une suggestion brillante. "Et si nous organisions un concert sur la place du village ?" proposa-t-elle. "Ainsi, tout le monde pourra entendre la belle voix de Pierre, et Monsieur Dupont ne pourra pas nous arrêter !"

Les animaux acclamèrent, ravis de l'idée de Claudette. Ils travaillèrent sans relâche, diffusant la nouvelle du concert et invitant tous les villageois à y assister. Et enfin, le grand jour arriva.

Alors que le soleil disparaissait sous l'horizon et que les étoiles commençaient à scintiller, les villageois se rassemblèrent sur la place, l'excitation bouillonnant dans l'air. Pierre se tenait au centre de la scène, son cœur battant d'anticipation nerveuse. Mais dès qu'il ouvrit la bouche pour chanter, toutes ses inquiétudes s'évanouirent.

Sa voix s'éleva dans la nuit, remplissant la place de musique plus belle que quiconque n'avait jamais entendue. Les villageois applaudirent et acclamèrent, des larmes de joie coulant sur leurs visages alors qu'ils écoutaient les mélodies enchanteresses de Pierre.

Et quant à Monsieur Dupont ? Eh bien, même lui ne put résister à la magie du chant de Pierre. Avec une larme à l'œil et un sourire sur le visage, il se joignit au reste des villageois pour applaudir le cochon talentueux.

À partir de ce jour-là, Pierre était libre de chanter à cœur joie, et le village devint célèbre à travers le monde entier pour son cochon chanteur. Et quant à Monsieur Dupont, il apprit qu'il est parfois bon de laisser entrer un peu de magie dans sa vie - surtout si elle prend la forme d'un cochon chanteur nommé Pierre.

Melanie, the Mermaid who Dreamed of Flying

In the shimmering depths of the ocean, where the sunlight danced on the waves and the coral reefs swayed to the rhythm of the sea, there lived a mermaid named Mélanie. Now, Mélanie wasn't your ordinary mermaid; she had dreams that soared higher than the tallest wave. While her sisters spent their days combing their hair and singing songs of the sea, Mélanie longed for something more. She dreamed of flying through the sky, of feeling the wind in her hair and the sun on her face.

Every night, as the moon cast its silver glow over the ocean, Mélanie would swim to the surface and gaze up at the stars, her heart filled with longing. She would watch in awe as the birds soared through the air, their wings outstretched as they danced on the breeze. Oh, how she wished she could join them!

But Mélanie's dreams seemed impossible. After all, mermaids were creatures of the sea, bound to the ocean depths by ancient magic. How could she ever hope to fly like the birds?

One day, as Mélanie was swimming near the surface, she spotted a group of children playing on the beach. They were laughing and running, their faces filled with joy as they chased after seagulls and built sandcastles in the sand. Mélanie watched them with envy, wishing she could join in their games.

Suddenly, an idea popped into Mélanie's head. What if she could find a way to become human, if only for a day? Surely then, she would be able to fly like the birds and feel the wind in her hair!

Determined to make her dream a reality, Mélanie set off on a quest to find the legendary Sea Witch, a powerful sorceress who was said to possess the ability to grant any wish. But the journey was long and perilous, filled with treacherous sea creatures and swirling currents. Yet Mélanie pressed on, her heart filled with determination.

Finally, after what seemed like an eternity, Mélanie reached the Sea Witch's lair, a dark and mysterious cave hidden deep beneath the ocean floor. Trembling with excitement, Mélanie approached the entrance and called out to the witch.

To her surprise, the Sea Witch appeared before her, her eyes gleaming with magic. "What brings you to my lair, little mermaid?" she asked, her voice echoing through the cavern.

Mélanie took a deep breath, her heart pounding with anticipation. "I wish to become human, if only for a day," she declared. "I want to know what it feels like to fly through the sky and feel the sun on my face."

The Sea Witch studied Mélanie for a moment, her gaze piercing. Then, with a flick of her wrist, she waved her magic wand and cast a powerful spell. "Your wish is granted," she proclaimed. "But beware, little mermaid. The spell will only last until the sun sets. After that, you must return to the sea, or else you will be trapped on land forever."

Mélanie nodded, her heart filled with gratitude. With a grateful smile, she thanked the Sea Witch and swam back to the surface, her tail tingling with excitement.

As soon as Mélanie emerged from the water, she felt a strange sensation wash over her. Her tail began to shimmer and shift, transforming into a pair of slender legs. Mélanie gasped in amazement as she took her first steps on land, her heart soaring with joy.

For the rest of the day, Mélanie explored the world above the sea, marveling at the sights and sounds of the human world. She ran through fields of wildflowers, danced in the sunlight, and even joined the children on the beach for a game of tag. And when the sun began to set and the sky turned shades of pink and gold, Mélanie spread her arms wide and soared through the air, her heart filled with pure, unbridled joy.

But as the last rays of sunlight faded from the sky, Mélanie's heart sank. She knew that her time as a human was coming to an end, and she had to return to the sea before it was too late.

With a heavy heart, Mélanie bid farewell to the children and the world above the sea, her eyes filled with tears. But as she dove back into the ocean depths, she knew that she would never forget her magical day as a human.

And from that day on, whenever Mélanie looked up at the sky and watched the birds soaring overhead, she smiled, knowing that she had experienced the joy of flight, if only for a fleeting moment.

Mélanie, la Sirène qui Rêvait de Voler

Dans les profondeurs scintillantes de l'océan, où la lumière du soleil dansait sur les vagues et les récifs de corail se balançaient au rythme de la mer, vivait une sirène nommée Mélanie. Mélanie n'était pas une sirène ordinaire ; elle avait des rêves qui s'élevaient plus haut que la plus haute vague. Tandis que ses sœurs passaient leurs journées à peigner leurs cheveux et à chanter des chansons de la mer, Mélanie aspirait à quelque chose de plus. Elle rêvait de voler à travers le ciel, de sentir le vent dans ses cheveux et le soleil sur son visage.

Chaque nuit, lorsque la lune projetait sa lueur argentée sur l'océan, Mélanie nageait à la surface et contemplait les étoiles, son cœur rempli de désir. Elle observait avec émerveillement les oiseaux planer dans les airs, leurs ailes déployées tandis qu'ils dansaient sur la brise. Oh, comme elle souhaitait pouvoir se joindre à eux !

Mais les rêves de Mélanie semblaient impossibles. Après tout, les sirènes étaient des créatures de la mer, liées aux profondeurs de l'océan par une magie ancienne. Comment pourrait-elle espérer voler comme les oiseaux ?

Un jour, alors que Mélanie nageait près de la surface, elle aperçut un groupe d'enfants jouant sur la plage. Ils riaient et couraient, leurs visages rayonnants de joie alors qu'ils poursuivaient les mouettes et construisaient des châteaux de sable. Mélanie les observa avec envie, souhaitant pouvoir participer à leurs jeux.

Soudain, une idée germa dans l'esprit de Mélanie. Et si elle trouvait un moyen de devenir humaine, ne serait-ce que pour un jour ? Alors, elle pourrait voler comme les oiseaux et sentir le vent dans ses cheveux !

Déterminée à réaliser son rêve, Mélanie se lança dans une quête pour trouver la légendaire Sorcière des Mers, une puissante sorcière censée posséder le pouvoir d'exaucer n'importe quel vœu. Mais le voyage était long et périlleux, rempli de créatures marines traîtresses et de courants tourbillonnants. Pourtant, Mélanie persévéra, son cœur empli de détermination.

Enfin, après ce qui semblait être une éternité, Mélanie atteignit le repaire de la Sorcière des Mers, une caverne sombre et mystérieuse cachée profondément sous le fond marin. Tremblante d'excitation, Mélanie s'approcha de l'entrée et appela la sorcière.

À sa grande surprise, la Sorcière des Mers apparut devant elle, les yeux brillants de magie. "Que fais-tu dans mon repaire, petite sirène ?" demanda-t-elle, sa voix résonnant dans la caverne.

Mélanie prit une grande inspiration, son cœur battant d'anticipation. "Je souhaite devenir humaine, ne serait-ce que pour un jour", déclara-t-elle. "Je veux savoir ce que ça fait de voler à travers le ciel et de sentir le soleil sur mon visage."

La Sorcière des Mers étudia Mélanie un moment, son regard perçant. Puis, d'un geste de sa baguette magique, elle lança un puissant sort. "Ton vœu est exaucé", proclama-t-elle. "Mais prends garde, petite sirène. Le sort ne durera que jusqu'au coucher du soleil. Après cela, tu devras retourner à la mer, sinon tu seras piégée sur terre pour toujours."

Mélanie acquiesça, son cœur rempli de gratitude. Avec un sourire reconnaissant, elle remercia la Sorcière des Mers et nagea de retour vers la surface, sa queue frémissant d'excitation.

Dès que Mélanie émergea de l'eau, elle ressentit une étrange sensation l'envahir. Sa queue commença à scintiller et à se transformer, se changeant en une paire de jambes fines. Mélanie poussa un cri d'étonnement en faisant ses premiers pas sur la terre ferme, son cœur s'élevant de joie.

Pour le reste de la journée, Mélanie explorait le monde au-dessus de la mer, s'émerveillant des vues et des sons du monde humain. Elle courut à travers des champs de fleurs sauvages, dansa sous la lumière du soleil, et rejoignit même les enfants sur la plage pour une partie de cache-cache. Et lorsque le soleil commença à se coucher et que le ciel se teinta de rose et d'or, Mélanie étendit ses bras et s'envola dans les airs, son cœur rempli d'une joie pure et débridée.

Mais lorsque les derniers rayons de soleil disparurent du ciel, le cœur de Mélanie se serra. Elle savait que son temps en tant qu'humaine touchait à sa fin, et elle devait retourner à la mer avant qu'il ne soit trop tard.

Le cœur lourd, Mélanie fit ses adieux aux enfants et au monde au-dessus de la mer, les yeux remplis de larmes. Mais en plongeant de nouveau dans les profondeurs de l'océan, elle savait qu'elle n'oublierait jamais sa journée magique en tant qu'humaine.

Et à partir de ce jour-là, chaque fois que Mélanie regardait le ciel et observait les oiseaux planer au-dessus d'elle, elle souriait, sachant qu'elle avait expérimenté la joie du vol, ne serait-ce que pour un bref instant.

The Pirate and the Hidden Treasure

In the bustling port town of Portville, where the salty sea air mingled with the scent of freshly baked bread and the sound of seagulls echoed through the narrow streets, there lived a pirate named Captain Jack. Now, Captain Jack wasn't your ordinary pirate; he had a heart as big as the ocean and a love for adventure that knew no bounds.

With his trusty crew of misfits – including the bumbling first mate, Smitty, and the feisty parrot, Polly – Captain Jack sailed the seven seas in search of treasure and excitement. But despite their best efforts, they always seemed to come up empty-handed. That is, until one fateful day when they stumbled upon a map that promised untold riches beyond their wildest dreams.

The map, rumored to have been drawn by the legendary pirate Blackbeard himself, led to a hidden island somewhere in the Caribbean, where a treasure beyond imagination lay buried beneath the sand. Determined to claim the treasure for themselves, Captain Jack and his crew set sail, their hearts filled with excitement and anticipation.

But as they journeyed across the ocean, they encountered one obstacle after another – from treacherous storms to rival pirates intent on stealing their prize. Yet Captain Jack refused to be deterred. With his trademark grin and a twinkle in his eye, he rallied his crew and pressed on, determined to overcome whatever challenges lay in their path.

Finally, after weeks of sailing, they reached the hidden island, its shores shrouded in mist and mystery. With the map in hand, Captain Jack led his crew inland, following the clues that would lead them to the treasure. They hacked through dense jungle, crossed raging rivers, and braved booby traps left behind by the island's long-forgotten inhabitants.

At last, they reached the heart of the island, where a massive stone temple stood silent and imposing against the backdrop of the setting sun. With a sense of anticipation building in their hearts, Captain Jack and his crew entered the temple, their eyes scanning the shadows for any sign of the treasure.

But just as they were about to give up hope, they stumbled upon a hidden chamber deep within the temple's labyrinthine corridors. And there, glittering in the dim light, lay the treasure they had been searching for – chests overflowing with gold coins, jewels, and priceless artifacts from every corner of the globe.

Captain Jack and his crew cheered with delight, their eyes shining with greed as they gazed upon the treasure before them. But as they reached out to claim their prize, a voice echoed through the chamber, stopping them in their tracks.

"Ahoy there, me hearties!" the voice boomed, causing Captain Jack and his crew to whirl around in surprise. And there, standing in the shadows, was none other than Blackbeard himself, the legendary pirate whose map had led them to the treasure.

For a moment, the two captains locked eyes, each sizing up the other with a mixture of respect and suspicion. But then, to

Captain Jack's surprise, Blackbeard burst into laughter, his booming voice echoing through the chamber.

"Well done, me boy!" Blackbeard exclaimed, clapping Captain Jack on the back with a hearty chuckle. "Ye've proven yerself a true pirate, worthy of claimin' me treasure."

And with that, Blackbeard stepped aside, allowing Captain Jack and his crew to gather up the treasure and make their way back to their ship. As they sailed away from the island, their pockets and hearts overflowing with riches, Captain Jack couldn't help but smile.

For he knew that while the treasure they had found was indeed valuable, the true riches lay in the adventure itself – the thrill of the chase, the camaraderie of his crew, and the knowledge that no matter where their travels took them, they would always be pirates at heart.

Le Pirate et le Trésor Caché

Dans la ville portuaire animée de Portville, où l'air salé de la mer se mêlait au parfum du pain frais et où le cri des mouettes résonnait à travers les rues étroites, vivait un pirate nommé le Capitaine Jack. Maintenant, le Capitaine Jack n'était pas un pirate ordinaire ; il avait un cœur aussi grand que l'océan et un amour pour l'aventure qui ne connaissait pas de limites.

Avec son équipage fidèle de marginaux - incluant le maladroit second, Smitty, et le perroquet fougueux, Polly - le Capitaine Jack naviguait sur les sept mers à la recherche de trésors et d'excitation. Mais malgré leurs meilleurs efforts, ils semblaient toujours revenir les mains vides. Cela, jusqu'au jour fatidique où ils tombèrent sur une carte qui promettait des richesses inimaginables au-delà de leurs rêves les plus fous.

La carte, réputée avoir été dessinée par le légendaire pirate Barbe Noire lui-même, menait à une île cachée quelque part dans les Caraïbes, où un trésor au-delà de toute imagination était enfoui sous le sable. Déterminé à s'approprier le trésor pour eux-mêmes, le Capitaine Jack et son équipage mirent les voiles, leurs cœurs remplis d'excitation et d'anticipation.

Mais alors qu'ils naviguaient à travers l'océan, ils rencontrèrent un obstacle après l'autre - des tempêtes traîtres aux pirates rivaux déterminés à voler leur butin. Pourtant, le Capitaine Jack refusa d'être découragé. Avec son sourire caractéristique et une lueur dans les yeux, il rassembla son équipage et continua, déterminé à surmonter tous les défis sur leur chemin.

Enfin, après des semaines de navigation, ils atteignirent l'île cachée, ses rivages enveloppés de brume et de mystère. Avec la carte en main, le Capitaine Jack conduisit son équipage vers l'intérieur des terres, suivant les indices qui les mèneraient au trésor. Ils taillèrent à travers une jungle dense, traversèrent des rivières tumultueuses et bravèrent des pièges laissés par les habitants oubliés de l'île.

Enfin, ils atteignirent le cœur de l'île, où un immense temple de pierre se dressait silencieux et imposant contre le décor du soleil couchant. Avec un sentiment d'anticipation grandissant dans leurs cœurs, le Capitaine Jack et son équipage entrèrent dans le temple, leurs yeux balayant les ombres à la recherche de tout signe du trésor.

Mais juste au moment où ils allaient abandonner tout espoir, ils tombèrent sur une chambre cachée au fond des couloirs labyrinthiques du temple. Et là, scintillant dans la lumière tamisée, se trouvait le trésor qu'ils recherchaient - des coffres débordant de pièces d'or, de joyaux et d'artefacts inestimables venant de tous les coins du globe.

Le Capitaine Jack et son équipage poussèrent des cris de joie, leurs yeux brillant de cupidité en contemplant le trésor devant eux. Mais alors qu'ils tendaient la main pour saisir leur butin, une voix résonna dans la chambre, les arrêtant dans leur élan.

"Ahoy là, mes cœurs !" la voix tonnante, faisant tournoyer le Capitaine Jack et son équipage dans la surprise. Et là, se tenant dans l'ombre, se trouvait nul autre que Barbe Noire lui-même, le pirate légendaire dont la carte les avait menés au trésor.

Pendant un instant, les deux capitaines se fixèrent du regard, se jaugent mutuellement avec un mélange de respect et de méfiance. Mais alors, à la surprise du Capitaine Jack, Barbe Noire éclata de rire, sa voix tonitruante résonnant dans la chambre.

"Bien joué, mon garçon !" s'exclama Barbe Noire, tapant sur le dos du Capitaine Jack avec un rire joyeux. "Tu t'es montré un vrai pirate, digne de revendiquer mon trésor."

Et avec cela, Barbe Noire se retira, permettant au Capitaine Jack et à son équipage de rassembler le trésor et de retourner à leur navire. Alors qu'ils s'éloignaient de l'île, leurs poches et leurs cœurs débordants de richesses, le Capitaine Jack ne put s'empêcher de sourire.

Car il savait que même si le trésor qu'ils avaient trouvé était en effet précieux, les vraies richesses résidaient dans l'aventure elle-même - le frisson de la chasse, la camaraderie de son équipage, et la certitude que peu importe où leurs voyages les mèneraient, ils seraient toujours des pirates dans l'âme.

The Wonderful Witch and the Mystery of the Stars

In the quaint village of Willowbrook, where the cobblestone streets twisted and turned like a labyrinth and the houses huddled together as if whispering secrets, there lived a witch named Winifred. Now, Winifred wasn't your ordinary witch; she had a heart as warm as her cauldron and a knack for magic that never failed to dazzle and amaze.

With her faithful cat familiar, Whiskers, by her side, Winifred spent her days brewing potions, casting spells, and spreading joy wherever she went. But despite her best efforts, the villagers of Willowbrook were wary of Winifred, whispering tales of her supposed wickedness and avoiding her at all costs.

But Winifred didn't let their fear and mistrust get her down. Instead, she continued to be herself, spreading kindness and laughter wherever she went. And as the days turned into weeks and the weeks turned into months, the villagers began to see Winifred in a new light – not as a wicked witch, but as a friend.

One night, as Winifred was tending to her garden under the light of the full moon, she noticed something strange in the sky. A cluster of stars seemed to be twinkling brighter than usual, forming a pattern that she had never seen before. Intrigued, Winifred consulted her spell book, searching for answers.

After hours of poring over ancient texts and deciphering cryptic incantations, Winifred finally stumbled upon a clue – a prophecy foretelling of a great cosmic event that would change the course of history. According to the prophecy, when the stars aligned in a certain pattern, a doorway to another world would open, revealing untold wonders and mysteries beyond imagination.

Excited by the prospect of such an adventure, Winifred set out to unravel the mystery of the stars, her heart filled with determination and curiosity. With Whiskers at her side, she journeyed to the highest peak in the village, where the stars shone brightest against the velvet sky.

As Winifred gazed up at the heavens, she felt a surge of magic coursing through her veins. With a flick of her wrist and a whispered incantation, she tapped into the power of the stars, channeling their energy into a spell that would unlock the doorway to another world.

And then, in a flash of light and a whirlwind of magic, the doorway appeared before her – a shimmering portal of light that pulsed with the promise of adventure. With a mischievous grin, Winifred took Whiskers by the paw and stepped through the portal, her heart racing with excitement.

On the other side, Winifred and Whiskers found themselves in a world unlike any they had ever seen – a realm of swirling colors and dazzling lights, where the sky seemed to stretch on forever and the air crackled with magic. It was a place of wonder and beauty, filled with creatures that defied imagination and landscapes that took their breath away.

But as Winifred explored this strange new world, she couldn't shake the feeling that something was amiss. The stars overhead seemed to be out of alignment, their once-ordered patterns now twisted and distorted. And in the distance, a dark shadow loomed on the horizon, casting a pall of darkness over the land.

Determined to set things right, Winifred set out on a quest to restore the balance of the stars and defeat the darkness that threatened to engulf the world. With Whiskers by her side and her magic at her command, she journeyed to the farthest reaches of the realm, facing danger and adversity at every turn.

But Winifred was not alone in her quest. Along the way, she encountered a band of unlikely allies – a brave knight, a wise old sage, and a mischievous fairy – each with their own unique talents and abilities. Together, they formed a fellowship bound by friendship and a shared sense of purpose.

As they traveled together, Winifred and her companions faced many challenges – from battling fearsome monsters to solving perplexing riddles – but through it all, they remained steadfast in their determination to save the world from darkness. And with each obstacle they overcame, the stars began to realign, their patterns shifting back into place like pieces of a cosmic puzzle.

Finally, after many trials and tribulations, Winifred and her companions reached the heart of the darkness – a towering fortress shrouded in shadows and guarded by powerful sorcery. With Whiskers at her side and her friends by her side, Winifred confronted the source of the darkness, her heart filled with courage and determination.

And in the end, it was Winifred's kindness and compassion that proved to be the greatest magic of all. With a single act of selflessness, she shattered the darkness and restored the balance of the stars, bringing light and hope back to the world once more.

As Winifred and her companions returned home to Willowbrook, their hearts filled with pride and joy, they knew that their adventure was far from over. For as long as there were mysteries to unravel and wonders to discover, Winifred would continue to journey through the cosmos, guided by the light of the stars and the magic of friendship.

La Sorcière Merveilleuse et le Mystère des Étoiles

Dans le charmant village de Willowbrook, où les rues pavées s'enroulaient comme un labyrinthe et où les maisons se blottissaient les unes contre les autres comme si elles chuchotaient des secrets, vivait une sorcière nommée Winifred. Maintenant, Winifred n'était pas une sorcière ordinaire ; elle avait un cœur aussi chaleureux que son chaudron et un don pour la magie qui ne manquait jamais d'éblouir et d'émerveiller.

Avec son fidèle chat familier, Whiskers, à ses côtés, Winifred passait ses journées à préparer des potions, jeter des sorts et répandre la joie partout où elle allait. Mais malgré ses meilleurs efforts, les habitants de Willowbrook se méfiaient de Winifred, murmurant des contes sur sa supposée méchanceté et l'évitant à tout prix.

Mais Winifred ne se laissa pas abattre par leur peur et leur méfiance. Au contraire, elle continua à être elle-même, répandant la gentillesse et le rire partout où elle allait. Et à mesure que les jours passaient et que les semaines se transformaient en mois, les habitants commencèrent à voir Winifred sous un nouveau jour - non pas comme une sorcière maléfique, mais comme une amie.

Une nuit, alors que Winifred s'occupait de son jardin sous la lumière de la pleine lune, elle remarqua quelque chose d'étrange dans le ciel. Un amas d'étoiles semblait scintiller plus fort que d'habitude, formant un motif qu'elle n'avait jamais vu auparavant. Intriguée, Winifred consulta son grimoire, à la recherche de réponses.

Après des heures à étudier d'anciens textes et à déchiffrer des incantations cryptiques, Winifred tomba enfin sur un indice - une prophétie prédisant un grand événement cosmique qui changerait le cours de l'histoire. Selon la prophétie, lorsque les étoiles s'aligneraient dans un certain motif, une porte vers un autre monde s'ouvrirait, révélant des merveilles et des mystères inimaginables.

Excitée par la perspective d'une telle aventure, Winifred se lança dans le déchiffrement du mystère des étoiles, son cœur rempli de détermination et de curiosité. Avec Whiskers à ses côtés, elle se rendit au sommet le plus élevé du village, où les étoiles brillaient le plus contre le ciel de velours.

Alors que Winifred contemplait les cieux, elle sentit une vague de magie parcourir ses veines. D'un geste de sa baguette et d'une incantation murmurée, elle puisa dans le pouvoir des étoiles, canalisant leur énergie dans un sort qui ouvrirait la porte vers un autre monde.

Et puis, dans un éclair de lumière et un tourbillon de magie, la porte apparut devant elle - un portail scintillant de lumière qui palpitait de la promesse de l'aventure. Avec un sourire espiègle, Winifred prit Whiskers par la patte et traversa le portail, son cœur battant d'excitation.

De l'autre côté, Winifred et Whiskers se retrouvèrent dans un monde différent de tout ce qu'ils avaient jamais vu - un royaume de couleurs tourbillonnantes et de lumières éblouissantes, où le ciel semblait s'étendre à l'infini et où l'air crépitait de magie. C'était un endroit de merveille et de beauté, rempli de créatures qui défiaient l'imagination et de paysages qui leur coupaient le souffle.

Mais alors que Winifred explorait ce monde étrange, elle ne pouvait s'empêcher de sentir quelque chose d'anormal. Les étoiles au-dessus semblaient être hors d'alignement, leurs motifs autrefois ordonnés maintenant tordus et déformés. Et au loin, une sombre ombre se profilait à l'horizon, jetant un voile de ténèbres sur la terre.

Déterminée à rétablir les choses, Winifred se lança dans une quête pour rétablir l'équilibre des étoiles et vaincre les ténèbres qui menaçaient d'engloutir le monde. Avec Whiskers à ses côtés et sa magie à sa disposition, elle se rendit jusqu'aux confins du royaume, affrontant le danger et l'adversité à chaque tournant.

Mais Winifred n'était pas seule dans sa quête. En chemin, elle rencontra un groupe d'alliés improbables - un brave chevalier, un sage vieux sage et une fée espiègle - chacun avec ses propres talents et capacités uniques. Ensemble, ils formèrent une communauté liée par l'amitié et un sens partagé du but.

Alors qu'ils voyageaient ensemble, Winifred et ses compagnons firent face à de nombreux défis - de la bataille contre des monstres redoutables à la résolution d'énigmes déroutantes - mais malgré tout, ils restèrent fermes dans leur détermination à sauver le monde des ténèbres. Et avec chaque obstacle surmonté, les étoiles commencèrent à se réaligner, leurs motifs revenant en place comme des pièces d'un puzzle cosmique.

Enfin, après de nombreux essais et tribulations, Winifred et ses compagnons atteignirent le cœur des ténèbres - une imposante forteresse enveloppée d'ombres et gardée par une sorcellerie puissante. Avec Whiskers à ses côtés et ses amis à ses côtés, Winifred affronta la source des ténèbres, son cœur rempli de courage et de détermination.

Et à la fin, ce fut la gentillesse et la compassion de Winifred qui se révélèrent être la plus grande magie de toutes. Avec un seul acte de désintéressement, elle brisa les ténèbres et rétablit l'équilibre des étoiles, ramenant la lumière et l'espoir dans le monde une fois de plus.

Alors que Winifred et ses compagnons rentraient chez eux à Willowbrook, leurs cœurs remplis de fierté et de joie, ils savaient que leur aventure était loin d'être terminée. Tant qu'il y aurait des mystères à résoudre et des merveilles à découvrir, Winifred continuerait son voyage à travers le cosmos, guidée par la lumière des étoiles et la magie de l'amitié.

The Adventure of the Lost World

In the cozy town of Whiskerfield, where the streets were lined with quaint cottages and the gardens bloomed with flowers of every color, there lived a cat named Oliver. Now, Oliver wasn't your ordinary cat; he had a sense of curiosity as big as his fluffy tail and a knack for getting into mischief that kept the whole town on their toes.

With his sleek black fur and bright green eyes, Oliver was the talk of the town, his adventures whispered about in hushed tones by the other animals. From chasing mice in the garden to climbing trees in the park, there was never a dull moment when Oliver was around.

But one day, as Oliver was exploring the woods on the outskirts of town, he stumbled upon something that would change his life forever. Hidden deep within the forest was a secret passage – a tunnel that led to a world beyond imagination.

Intrigued by the mystery of the tunnel, Oliver hesitated for only a moment before plunging headfirst into the darkness. With each step he took, the air grew colder and the light grew dimmer, until at last, he emerged into a world unlike any he had ever seen.

It was a world of ancient ruins and overgrown jungles, where towering trees blocked out the sun and strange creatures lurked in the shadows. But despite the dangers that lurked around every corner, Oliver felt a sense of exhilaration coursing through his veins. For he knew that he had stumbled upon something truly extraordinary – a lost world waiting to be explored.

With his sense of adventure leading the way, Oliver set out to uncover the secrets of the lost world, his heart filled with excitement and wonder. Along the way, he encountered many strange and wonderful creatures – from friendly monkeys swinging through the trees to fearsome dinosaurs prowling the undergrowth – each more fascinating than the last.

But as Oliver delved deeper into the heart of the lost world, he soon realized that not everything was as it seemed. For hidden beneath the beauty and wonder of the jungle lay a dark and sinister secret – a plot by an evil sorcerer to harness the power of the ancient ruins for his own nefarious purposes.

Determined to stop the sorcerer and save the lost world from destruction, Oliver embarked on a quest to find the legendary Crystal of Light – a powerful artifact said to hold the key to restoring balance to the land. With the help of his newfound friends – including a brave lioness, a wise old owl, and a mischievous monkey – Oliver journeyed across the jungle, facing danger and adversity at every turn.

But with his quick wit and clever thinking, Oliver was able to outsmart the sorcerer's minions and overcome every obstacle in his path. And when at last he reached the heart of the ancient ruins, he found himself face to face with the sorcerer himself – a sinister figure cloaked in darkness and surrounded by a swirling vortex of magic.

With a defiant yowl, Oliver leapt into action, using all of his cunning and courage to outmaneuver the sorcerer and claim the Crystal of Light for himself. And as he held the shimmering crystal aloft, its radiant glow banishing the darkness from the land, Oliver knew that he had saved the lost world from destruction.

As Oliver returned home to Whiskerfield, his heart filled with pride and satisfaction, he knew that his days of adventure were far from over. For as long as there were mysteries to unravel and worlds to explore, Oliver would continue to journey through the cosmos, guided by the light of the Crystal of Light and the magic of friendship.

L'Aventure du Monde Perdu

⸻

Dans la ville confortable de Whiskerfield, où les rues étaient bordées de charmantes cottages et les jardins fleurissaient de fleurs de toutes les couleurs, vivait un chat nommé Oliver. Maintenant, Oliver n'était pas un chat ordinaire ; il avait un sens de la curiosité aussi grand que sa queue touffue et un talent pour se mettre dans des situations qui tenaient toute la ville en haleine.

Avec son pelage noir lisse et ses yeux verts lumineux, Oliver était le sujet de conversation de la ville, ses aventures murmurées à voix basse par les autres animaux. De la chasse aux souris dans le jardin à l'escalade des arbres dans le parc, il n'y avait jamais un moment ennuyeux quand Oliver était dans les parages.

Mais un jour, alors qu'Oliver explorait les bois aux abords de la ville, il découvrit quelque chose qui allait changer sa vie à jamais. Caché au fond de la forêt se trouvait un passage secret - un tunnel qui menait à un monde au-delà de l'imagination.

Intrigué par le mystère du tunnel, Oliver hésita seulement un instant avant de se jeter tête la première dans l'obscurité. À chaque pas qu'il faisait, l'air devenait plus froid et la lumière plus faible, jusqu'à ce qu'enfin, il émerge dans un monde différent de tout ce qu'il avait jamais vu.

C'était un monde de ruines anciennes et de jungles envahies, où les arbres gigantesques bloquaient le soleil et des créatures étranges se tapissaient dans l'ombre. Mais malgré les dangers qui guettaient à chaque coin, Oliver ressentit une sensation d'exaltation lui parcourir les veines. Car il savait qu'il avait découvert quelque chose de vraiment extraordinaire - un monde perdu qui n'attendait qu'à être exploré.

Avec son sens de l'aventure pour le guider, Oliver entreprit de découvrir les secrets du monde perdu, son cœur rempli d'excitation et d'émerveillement. En chemin, il rencontra de nombreuses créatures étranges et merveilleuses - des singes amicaux se balançant dans les arbres à des dinosaures redoutables rôdant dans la végétation - chacune plus fascinante que la précédente.

Mais alors qu'Oliver s'enfonçait plus profondément dans le cœur du monde perdu, il réalisa bientôt que tout n'était pas comme il semblait. Car caché sous la beauté et l'émerveillement de la jungle se trouvait un sombre secret sinistre - un complot par un sorcier maléfique pour exploiter le pouvoir des ruines anciennes à des fins néfastes.

Déterminé à arrêter le sorcier et à sauver le monde perdu de la destruction, Oliver se lança dans une quête pour trouver le légendaire Cristal de Lumière - un puissant artefact censé détenir la clé pour restaurer l'équilibre dans la région. Avec l'aide de ses nouveaux amis - y compris une lionne courageuse, une vieille chouette sage et un singe espiègle - Oliver parcourut la jungle, affrontant le danger et l'adversité à chaque tournant.

Mais avec son intelligence vive et sa réflexion astucieuse, Oliver réussit à déjouer les sbires du sorcier et à surmonter chaque obstacle sur son chemin. Et lorsque enfin il atteignit le cœur des ruines anciennes, il se retrouva face à face avec le sorcier lui-même - une figure sinistre enveloppée de ténèbres et entourée d'un tourbillon de magie.

Avec un rugissement défiant, Oliver se lança dans l'action, utilisant tout son ingéniosité et son courage pour déjouer le sorcier et revendiquer le Cristal de Lumière pour lui-même. Et alors qu'il tenait le cristal scintillant en l'air, sa lueur radieuse chassant les ténèbres de la terre, Oliver savait qu'il avait sauvé le monde perdu de la destruction.

Alors qu'Oliver rentrait chez lui à Whiskerfield, son cœur rempli de fierté et de satisfaction, il savait que ses jours d'aventure étaient loin d'être terminés. Tant qu'il y aurait des mystères à résoudre et des mondes à explorer, Oliver continuerait à voyager à travers le cosmos, guidé par la lumière du Cristal de Lumière et la magie de l'amitié.

Roger the Remarkable Rabbit and the Grand Garden Adventure

In the delightful village of Burrowville, where the fields were lush and green and the wildflowers bloomed in a riot of colors, there lived a rabbit named Roger. Now, Roger wasn't your ordinary rabbit; he had a nose for trouble, a heart full of curiosity, and a penchant for grand adventures.

Roger's burrow was cozy and inviting, with walls lined with shelves filled with fascinating trinkets from his many escapades. But despite his cozy home, Roger longed for something more – a new adventure that would take him beyond the familiar fields of Burrowville.

One sunny morning, as Roger was hopping through the village square, he noticed a commotion near the edge of town. A crowd of animals had gathered, their eyes wide with excitement as they gazed at a grand new gate that had appeared overnight. The gate was ornate and shimmering, adorned with intricate carvings of flowers and vines.

Curiosity piqued, Roger wiggled his way through the crowd until he reached the front. There, he saw a sign that read, "Welcome to the Grand Garden – A World of Wonders Awaits!"

Roger's heart leaped with excitement. A world of wonders? It sounded like the perfect adventure! Without a moment's hesitation, Roger squeezed through the gate and found himself in a garden unlike any he had ever seen.

The Grand Garden was a marvel of nature's beauty, with towering trees that sparkled with dew, flowers that sang with the breeze, and pathways that twisted and turned like a maze of magic. As Roger hopped along the winding paths, his eyes wide with wonder, he couldn't help but marvel at the sights and sounds that surrounded him.

But the Grand Garden wasn't just a place of beauty – it was also a place of mystery. As Roger ventured deeper into the garden, he began to notice strange signs and symbols carved into the trees and stones. Each one seemed to point him in a different direction, leading him on a winding journey through the garden's many wonders.

With each step he took, Roger encountered new and fascinating creatures – from a wise old tortoise who shared tales of ancient times, to a mischievous squirrel who challenged him to a race through the treetops. Along the way, Roger collected clues and solved puzzles, each one bringing him closer to the heart of the garden's mystery.

At last, after what felt like hours of exploration, Roger reached the center of the Grand Garden. There, beneath a towering oak tree, he found a beautiful golden key, its surface glinting in the sunlight. As Roger picked up the key, he felt a sense of accomplishment wash over him. He had solved the garden's mystery!

But as Roger turned to leave, he heard a soft voice calling his name. Looking up, he saw a magnificent white rabbit standing before him, her fur gleaming like moonlight. "Welcome, Roger," the rabbit said with a warm smile. "I am Queen Flora, the guardian of the Grand Garden. You have proven yourself to be a true adventurer and a friend of the garden."

Roger's heart swelled with pride. "Thank you, Queen Flora," he said, bowing his head in respect. "It has been an honor to explore your beautiful garden."

Queen Flora nodded. "As a reward for your bravery and curiosity, I grant you the title of Keeper of the Key," she said, placing the golden key around Roger's neck. "With this key, you can return to the Grand Garden whenever you wish, and share its wonders with others."

Roger beamed with happiness. "I promise to honor and protect the Grand Garden," he vowed. "And to share its beauty and magic with all who seek adventure."

With that, Roger returned to Burrowville, the golden key gleaming around his neck and his heart full of the wonders he had discovered. From that day on, Roger was known as the Remarkable Rabbit, a hero and adventurer who brought the magic of the Grand Garden to all who crossed his path.

And whenever he felt the call of adventure, Roger would slip through the grand gate and journey once more into the heart of the Grand Garden – a world of wonders that awaited his return.

Roger le Lapin Remarquable et la Grande Aventure du Jardin

Dans le charmant village de Burrowville, où les champs étaient luxuriants et verts et où les fleurs sauvages éclataient de couleurs, vivait un lapin nommé Roger. Maintenant, Roger n'était pas un lapin ordinaire ; il avait le nez pour les ennuis, un cœur plein de curiosité et un penchant pour les grandes aventures.

Le terrier de Roger était confortable et accueillant, avec des murs tapissés d'étagères remplies de babioles fascinantes provenant de ses nombreuses escapades. Mais malgré son chez-soi confortable, Roger aspirait à quelque chose de plus – une nouvelle aventure qui le mènerait au-delà des champs familiers de Burrowville.

Un matin ensoleillé, alors que Roger sautillait à travers la place du village, il remarqua une agitation à la lisière de la ville. Une foule d'animaux s'était rassemblée, les yeux écarquillés d'excitation en regardant un grand nouveau portail apparu pendant la nuit. Le portail était orné et scintillant, décoré de sculptures complexes de fleurs et de vignes.

Curieux, Roger se faufila à travers la foule jusqu'à atteindre le devant. Là, il vit un panneau qui disait : "Bienvenue au Grand Jardin – Un Monde de Merveilles Vous Attend !"

Le cœur de Roger bondit d'excitation. Un monde de merveilles ? Cela semblait être l'aventure parfaite ! Sans une seconde d'hésitation, Roger se glissa à travers le portail et se retrouva dans un jardin comme il n'en avait jamais vu.

Le Grand Jardin était une merveille de la beauté de la nature, avec des arbres imposants qui scintillaient de rosée, des fleurs qui chantaient avec la brise et des sentiers qui se tordaient et tournaient comme un labyrinthe magique. Alors que Roger sautillait le long des chemins sinueux, les yeux écarquillés d'émerveillement, il ne pouvait s'empêcher d'admirer les vues et les sons qui l'entouraient.

Mais le Grand Jardin n'était pas seulement un lieu de beauté – c'était aussi un lieu de mystère. Alors que Roger s'aventurait plus profondément dans le jardin, il commença à remarquer des signes et des symboles étranges gravés dans les arbres et les pierres. Chacun semblait le pointer dans une direction différente, le menant dans un voyage sinueux à travers les nombreuses merveilles du jardin.

À chaque pas qu'il faisait, Roger rencontrait des créatures nouvelles et fascinantes – d'une vieille tortue sage qui partageait des récits de temps anciens, à un écureuil espiègle qui le défiait à une course à travers la cime des arbres. En chemin, Roger collectait des indices et résolvait des énigmes, chacun le rapprochant du cœur du mystère du jardin.

Enfin, après ce qui semblait être des heures d'exploration, Roger atteignit le centre du Grand Jardin. Là, sous un chêne imposant, il trouva une belle clé dorée, sa surface scintillant à la lumière du soleil. Alors que Roger ramassait la clé, il sentit un sentiment d'accomplissement l'envahir. Il avait résolu le mystère du jardin !

Mais alors que Roger se tournait pour partir, il entendit une voix douce appeler son nom. Levant les yeux, il vit un magnifique lapin blanc se tenant devant lui, son pelage brillant comme le clair de lune. "Bienvenue, Roger", dit le lapin avec un sourire chaleureux. "Je suis la Reine Flora, la gardienne du Grand Jardin. Tu as prouvé que tu es un véritable aventurier et un ami du jardin."

Le cœur de Roger se gonfla de fierté. "Merci, Reine Flora", dit-il en inclinant la tête avec respect. "C'était un honneur d'explorer votre beau jardin."

La Reine Flora hocha la tête. "En récompense de ton courage et de ta curiosité, je te décerne le titre de Gardien de la Clé", dit-elle en plaçant la clé dorée autour du cou de Roger. "Avec cette clé, tu peux revenir au Grand Jardin quand tu le souhaites et partager ses merveilles avec les autres."

Roger rayonna de bonheur. "Je promets d'honorer et de protéger le Grand Jardin", jura-t-il. "Et de partager sa beauté et sa magie avec tous ceux qui cherchent l'aventure."

Avec cela, Roger retourna à Burrowville, la clé dorée scintillant autour de son cou et son cœur plein des merveilles qu'il avait découvertes. À partir de ce jour, Roger fut connu comme le Lapin Remarquable, un héros et aventurier qui apportait la magie du Grand Jardin à tous ceux qui croisaient son chemin.

Et chaque fois qu'il ressentait l'appel de l'aventure, Roger se glissait à travers le grand portail et voyageait à nouveau dans le cœur du Grand Jardin – un monde de merveilles qui attendait son retour.

The Enchanted Knitting Needles and the Amazing Adventure

Once upon a time in the charming village of Needleton, nestled in the rolling hills and surrounded by fields of vibrant wildflowers, lived a young girl named Emma. Now, Emma wasn't your ordinary girl; she had a special talent for knitting and a heart full of imagination.

Emma lived with her grandmother, Granny Rose, in a cozy cottage at the edge of the village. Granny Rose was known far and wide for her incredible knitting skills, and her scarves, hats, and sweaters were the envy of all. But Granny Rose had a secret: she possessed a pair of magical knitting needles, passed down through generations.

These enchanted needles could knit anything the heart desired, and they had been used to create all sorts of wonderful things over the years. Granny Rose had knit blankets that could warm even the coldest winter nights, socks that never wore out, and even a shawl that could make the wearer invisible.

One sunny afternoon, as Emma was helping Granny Rose in the garden, she noticed her grandmother looking thoughtful. "Granny, what are you thinking about?" Emma asked, curiosity sparkling in her eyes.

Granny Rose smiled warmly. "Emma, my dear, it's time I passed on something very special to you," she said, reaching into her knitting basket and pulling out the enchanted needles. "These are no ordinary knitting needles. They hold a magic that can bring your imagination to life."

Emma's eyes widened with wonder as she took the needles from her grandmother. "What do I do with them, Granny?"

Granny Rose's eyes twinkled. "Use them to knit something from your heart, and you'll see the magic unfold."

That night, with the full moon casting a silvery glow through her window, Emma sat down with the enchanted needles. She thought about all the things she could create, and finally decided to knit a small, magical creature – a little dragon. As she worked, the needles seemed to dance in her hands, and before she knew it, a tiny, knitted dragon lay in her lap.

As Emma finished the last stitch, the dragon's eyes twinkled to life, and it stretched its wings, flapping them gently. "Hello, Emma," the dragon said in a surprisingly deep voice for its small size. "I am Drako, and I am here to take you on an adventure."

Emma gasped in delight. "An adventure? Where are we going?"

Drako's eyes sparkled mischievously. "To the Land of Yarnia, a magical world where anything is possible. Hop on, and I'll show you."

With a heart full of excitement, Emma climbed onto Drako's back. With a mighty flap of his wings, Drako soared into the night sky, carrying Emma higher and higher until they passed through a shimmering portal and into the Land of Yarnia.

Yarnia was a world unlike any Emma had ever seen. The landscape was made entirely of yarn – hills of soft wool, rivers of shimmering threads, and trees with branches of colorful fibers. Everywhere she looked, there were creatures knitted from all kinds of yarn, living in harmony and happiness.

As they flew over Yarnia, Drako explained that the land was in trouble. A mischievous yarn goblin named Snaggles had stolen the Golden Skein, a magical ball of yarn that kept Yarnia thriving and vibrant. Without it, the land would unravel, and all its inhabitants would be in danger.

"We must find Snaggles and retrieve the Golden Skein," Drako said urgently. "Only then can we save Yarnia."

Emma nodded determinedly. "Let's do it, Drako. We have to save this wonderful place."

Their first stop was the Forest of Twists, a dense wood where the trees were twisted into intricate patterns. There, they met a wise old owl named Hoot, who agreed to help them. "Snaggles was last seen heading towards the Tangle Mountains," Hoot hooted. "Be careful, for the path is treacherous and filled with traps."

With Hoot's guidance, Emma and Drako navigated the winding paths of the Tangle Mountains. They faced many challenges – from avoiding giant knitting needles that tried to ensnare them, to crossing bridges made of fragile lace yarn. But Emma's bravery and Drako's cleverness saw them through each obstacle.

Finally, they reached the Goblin's Lair, a dark cave at the heart of the mountains. Inside, Snaggles sat on a throne of tangled yarn, clutching the Golden Skein. "Who dares to enter my lair?" Snaggles snarled, his eyes gleaming with mischief.

"I am Emma, and this is Drako," Emma said boldly. "We've come to take back the Golden Skein and save Yarnia."

Snaggles laughed wickedly. "You'll have to knit your way out of this!" He snapped his fingers, and the cave filled with snarling yarn wolves, their teeth sharp and their growls menacing.

Without hesitation, Emma took out her enchanted needles and began to knit. As the wolves lunged towards her, she knit a giant, protective net that fell over them, trapping them safely. With a final stitch, the wolves were transformed into harmless balls of yarn.

Snaggles' eyes widened in shock. "You have the magic of the enchanted needles!" he exclaimed. "But you'll never defeat me!" He lunged at Emma, trying to grab the needles.

But Drako was too quick. With a mighty roar, he breathed a burst of fiery yarn, wrapping Snaggles in a cocoon of unbreakable thread. "You've caused enough trouble, Snaggles," Drako said sternly. "It's time to make things right."

Emma approached the cocooned goblin and gently took the Golden Skein from his grasp. "Yarnia deserves to be whole again," she said softly.

With the Golden Skein in hand, Emma and Drako flew back to the heart of Yarnia. There, they placed the skein on a pedestal, and a burst of golden light spread across the land. The hills, rivers, and trees glowed with renewed vibrancy, and the creatures of Yarnia cheered in delight.

"You've saved us, Emma," Drako said, his eyes filled with gratitude. "Yarnia will forever be in your debt."

Emma smiled warmly. "I'm just happy I could help. But I think it's time for me to go home."

Drako nodded. "Whenever you need us, just use the enchanted needles. Yarnia will always be here for you."

With a final flap of his wings, Drako carried Emma back through the shimmering portal and into her room. As she climbed off his back, the little dragon settled into a cozy spot on her bed. "Goodnight, Emma," Drako said, closing his eyes.

"Goodnight, Drako," Emma whispered, hugging the enchanted needles close.

From that night on, Emma knew that she had the magic of Yarnia at her fingertips, and that any adventure she could dream of was just a stitch away.

Les Aiguilles à Tricoter Enchantées et l'Aventure Incroyable

Il était une fois, dans le charmant village de Needleton, niché dans les collines verdoyantes et entouré de champs de fleurs sauvages éclatantes, vivait une jeune fille nommée Emma. Maintenant, Emma n'était pas une fille ordinaire ; elle avait un talent spécial pour le tricot et un cœur plein d'imagination.

Emma vivait avec sa grand-mère, Mamie Rose, dans un chalet confortable à la lisière du village. Mamie Rose était connue de tous pour ses incroyables compétences en tricot, et ses écharpes, chapeaux et chandails faisaient l'envie de tous. Mais Mamie Rose avait un secret : elle possédait une paire d'aiguilles à tricoter magiques, transmises de génération en génération.

Ces aiguilles enchantées pouvaient tricoter tout ce que le cœur désirait, et elles avaient été utilisées pour créer toutes sortes de merveilles au fil des ans. Mamie Rose avait tricoté des couvertures qui pouvaient réchauffer même les nuits d'hiver les plus froides, des chaussettes qui ne s'usaient jamais, et même un châle qui pouvait rendre invisible celui qui le portait.

Un après-midi ensoleillé, alors qu'Emma aidait Mamie Rose dans le jardin, elle remarqua que sa grand-mère avait l'air pensive. "Mamie, à quoi penses-tu ?" demanda Emma, la curiosité brillant dans ses yeux.

Mamie Rose sourit chaleureusement. "Emma, ma chère, il est temps que je te transmette quelque chose de très spécial," dit-elle en plongeant dans son panier à tricoter et en sortant les aiguilles enchantées. "Ce ne sont pas des aiguilles à tricoter ordinaires. Elles renferment une magie qui peut donner vie à ton imagination."

Les yeux d'Emma s'élargirent de merveille alors qu'elle prenait les aiguilles de sa grand-mère. "Que dois-je faire avec elles, Mamie ?"

Les yeux de Mamie Rose pétillèrent. "Utilise-les pour tricoter quelque chose qui vient de ton cœur, et tu verras la magie se déployer."

Ce soir-là, avec la pleine lune projetant une lueur argentée à travers sa fenêtre, Emma s'assit avec les aiguilles enchantées. Elle pensa à toutes les choses qu'elle pourrait créer, et décida finalement de tricoter une petite créature magique – un petit dragon. Alors qu'elle travaillait, les aiguilles semblaient danser entre ses mains, et avant qu'elle ne s'en rende compte, un petit dragon tricoté reposait sur ses genoux.

Alors qu'Emma terminait le dernier point, les yeux du dragon s'illuminèrent de vie, et il étira ses ailes, les battant doucement. "Bonjour, Emma," dit le dragon d'une voix étonnamment grave pour sa petite taille. "Je suis Drako, et je suis ici pour t'emmener dans une aventure."

Emma poussa un cri de joie. "Une aventure ? Où allons-nous ?"

Les yeux de Drako scintillèrent malicieusement. "Au Pays de Yarnia, un monde magique où tout est possible. Monte sur mon dos, et je te montrerai."

Avec un cœur plein d'excitation, Emma grimpa sur le dos de Drako. D'un puissant battement d'ailes, Drako s'envola dans le ciel nocturne, portant Emma de plus en plus haut jusqu'à ce qu'ils passent à travers un portail scintillant et pénètrent dans le Pays de Yarnia.

Yarnia était un monde comme Emma n'en avait jamais vu. Le paysage était entièrement fait de laine – des collines de laine douce, des rivières de fils scintillants et des arbres aux branches de fibres colorées. Partout où elle regardait, il y avait des créatures tricotées de toutes sortes de laine, vivant en harmonie et dans le bonheur.

Alors qu'ils survolaient Yarnia, Drako expliqua que le pays était en danger. Un gobelin de la laine nommé Snaggles avait volé le Fil d'Or, une pelote de laine magique qui maintenait Yarnia prospère et vibrante. Sans elle, le pays se déferait, et tous ses habitants seraient en danger.

"Nous devons trouver Snaggles et récupérer le Fil d'Or," dit Drako avec urgence. "Seulement alors, nous pourrons sauver Yarnia."

Emma hocha la tête avec détermination. "Faisons-le, Drako. Nous devons sauver cet endroit merveilleux."

Leur première étape était la Forêt des Torsades, un bois dense où les arbres étaient tordus en motifs complexes. Là, ils rencontrèrent un vieux hibou sage nommé Hoot, qui accepta de les aider. "Snaggles a été vu pour la dernière fois en direction des Montagnes des Nœuds," hulula Hoot. "Faites attention, car le chemin est traître et rempli de pièges."

Avec les conseils de Hoot, Emma et Drako naviguèrent les sentiers sinueux des Montagnes des Nœuds. Ils affrontèrent de nombreux défis – de l'évitement des aiguilles à tricoter géantes qui tentaient de les piéger, à la traversée de ponts faits de dentelle fragile. Mais le courage d'Emma et l'ingéniosité de Drako les virent surmonter chaque obstacle.

Enfin, ils atteignirent l'Antre du Gobelin, une sombre caverne au cœur des montagnes. À l'intérieur, Snaggles était assis sur un trône de laine emmêlée, serrant le Fil d'Or. "Qui ose entrer dans mon antre ?" grogna Snaggles, les yeux brillants de malice.

"Je suis Emma, et voici Drako," dit Emma hardiment. "Nous sommes venus récupérer le Fil d'Or et sauver Yarnia."

Snaggles éclata de rire méchamment. "Vous devrez tricoter votre sortie de celle-ci !" Il claqua des doigts, et la caverne se remplit de loups de laine grondants, leurs dents acérées et leurs grognements menaçants.

Sans hésitation, Emma sortit ses aiguilles enchantées et commença à tricoter. Alors que les loups se jetaient sur elle, elle tricota un grand filet protecteur qui tomba sur eux, les piégeant en toute sécurité. Avec une dernière maille, les loups furent transformés en pelotes de laine inoffensives.

Les yeux de Snaggles s'élargirent de choc. "Tu possèdes la magie des aiguilles enchantées !" s'exclama-t-il. "Mais tu ne me vaincras jamais !" Il se jeta sur Emma, essayant de saisir les aiguilles.

Mais Drako était trop rapide. Avec un rugissement puissant, il souffla une rafale de laine enflammée, enveloppant Snaggles dans un cocon de fil incassable. "Tu as causé assez de problèmes, Snaggles," dit Drako sévèrement. "Il est temps de réparer les choses."

Emma s'approcha du gobelin emmailloté et prit doucement le Fil d'Or de ses mains. "Yarnia mérite d'être entier à nouveau," dit-elle doucement.

Avec le Fil d'Or en main, Emma et Drako retournèrent au cœur de Yarnia. Là, ils placèrent le fil sur un piédestal, et une explosion de lumière dorée se répandit à travers le pays. Les collines, les rivières et les arbres brillèrent d'une nouvelle vitalité, et les créatures de Yarnia acclamèrent de joie.

"Tu nous as sauvés, Emma," dit Drako, les yeux remplis de gratitude. "Yarnia te sera à jamais reconnaissant."

Emma sourit chaleureusement. "Je suis simplement heureuse d'avoir pu aider. Mais je pense qu'il est temps pour moi de rentrer à la maison."

Drako hocha la tête. "Chaque fois que tu auras besoin de nous, utilise simplement les aiguilles enchantées. Yarnia sera toujours là pour toi."

Avec un dernier battement d'ailes, Drako ramena Emma à travers le portail scintillant jusqu'à sa chambre. Alors qu'elle descendait de son dos, le petit dragon s'installa dans un coin douillet de son lit. "Bonne nuit, Emma," dit Drako en fermant les yeux.

"Bonne nuit, Drako," chuchota Emma en serrant les aiguilles enchantées contre elle.

À partir de cette nuit, Emma savait qu'elle avait la magie de Yarnia à portée de main, et que toute aventure qu'elle pouvait rêver n'était qu'à un point près.